# BEI GRIN MACHT SICH IHR WISSEN BEZAHLT

- Wir veröffentlichen Ihre Hausarbeit, Bachelor- und Masterarbeit

- Ihr eigenes eBook und Buch - weltweit in allen wichtigen Shops

- Verdienen Sie an jedem Verkauf

Jetzt bei www.GRIN.com hochladen und kostenlos publizieren

# Portfolio Insurance und VaRoP. Ein Vergleich von Investitionsmöglichkeiten auf dem Finanzmarkt

Ralf Hohmann

**Bibliografische Information der Deutschen Nationalbibliothek:**

Die Deutsche Nationalbibliothek verzeichnet diese Publikation in der Deutschen Nationalbibliografie; detaillierte bibliografische Daten sind im Internet über http://dnb.d-nb.de abrufbar.

ISBN: 9783346420749

Dieses Buch ist auch als E-Book erhältlich.

© GRIN Publishing GmbH
Nymphenburger Straße 86
80636 München

Alle Rechte vorbehalten

Druck und Bindung: Books on Demand GmbH, Norderstedt Germany
Gedruckt auf säurefreiem Papier aus verantwortungsvollen Quellen

Das vorliegende Werk wurde sorgfältig erarbeitet. Dennoch übernehmen Autoren und Verlag für die Richtigkeit von Angaben, Hinweisen, Links und Ratschlägen sowie eventuelle Druckfehler keine Haftung.

Das Buch bei GRIN: https://www.grin.com/document/1023642

# Portfolio Insurance und VaRoP – ein Vergleich

## Inhalt

Einführung .................................................................................................. 2

Portfolio Insurance ..................................................................................... 2

Stop-Loss-Strategie ................................................................................... 3

Synthetic-Put-Strategie .............................................................................. 3

Constant-Proportion-Portfolio-Insurance ................................................... 4

VAR und VaRoP ........................................................................................ 5

Gegenüberstellung .................................................................................... 7

Zusammenfassung und Ausblick ............................................................. 10

Annahmendiskussion .............................................................................. 11

Literaturverzeichnis ................................................................................. 14

Abkürzungsverzeichnis ........................................................................... 16

# Einführung

Investitionen an Geld- und Kapitalmärkten bergen unterschiedliche Verlustpotentiale, die Marktteilnehmer beherrschen sollten. Nachstehend folgt eine Übersicht und Vergleich ausgewählter Strategien, mit denen die Risiken zu managen sind.

Die Strategien der Portfolio Insurance (PI) wurden in den achtziger Jahren des vorherigen Jahrhunderts entwickelt. Sie werden genutzt, um Portfolios oder einzelne Anlagen gegen Kursverluste zu sichern. Das Volumen des mit diesen Strategien gesicherten Vermögens ist bedeutend. Es haben sich in den Jahren unterschiedliche Ausprägungen einzelner Strategien entwickelt.

Risikoquantifizierungen und Strategien mit dem Value at Risk (VAR) entstanden etwa zur gleichen Zeit. Risiken einzelner Anlagen oder Portfolios wurden gemessen und unterschiedliche Strategien zu deren Berücksichtigung in Value at Risk optimierten Portfolios (VaRoP) entwickelt. VaRoP ist eine Strategie, die ein optimales Portfolio berechnet bei Berücksichtigung eines vorgegebenen oder zulässigen maximalen VAR.

Beide Strategien sollen Portfolios vor Wertverlusten schützen. Ihre Gemeinsamkeiten und Unterschiede werden in der vorliegenden Arbeit dargestellt und zusammengefasst. Ebenso wird ihre Anwendbarkeit in der Praxis beleuchtet.

# Portfolio Insurance

Die Portfolio Insurance stellt eine Erscheinungsform des Programmhandels dar, wie der Blockhandel und die Index-Arbitrage. Marktteilnehmer können beim Blockhandel umfangreiche Positionen in einzelnen Anlagen oder ganze Portfolios einem Blockhändler andienen, ohne dafür spezielle Kontrahenten suchen zu müssen. Bei der Index-Arbitrage hingegen nutzen Marktteilnehmer Abweichungen eines Index-Future oder einer Index-Option von den jeweiligen theoretischen Werten. Mit geeigneten Transaktionen können sie dann am Kassa- oder Terminmarkt nahezu risikolose Überrenditen erzielen.

Die Literatur gibt eine Vielzahl von Begriffsbestimmungen für die Portfolio Insurance.[1] Diese zusammengefasst ist es das Ziel, ein Portfolio gegen Wertverluste zu sichern. Dieser Schutz kann das ganze oder Teile des Portfolio umfassen. Es besteht regelmäßig aus zinstragenden Finanztiteln, Aktien und Terminmarktinstrumenten. Zur Sicherung des Portfolio verkleinern die Marktteilnehmer den Aktienanteil, wenn sich der Portfoliowert bei Kursverlusten dem ex ante festgelegten Mindestwert nähert. Gleichzeitig erhöhen sie den Anteil an verzinslichen Finanztiteln. Umgekehrt gehen Marktteilnehmer bei Kurssteigerungen des Portfolio vor. Die Strategien der Portfolio Insurance folgen zuvor definierten Handelsregeln, eine Prognose zukünftiger Entwicklungen ist nicht vorgesehen. Sie geben einen Schutz vor systematischen Kapitalmarktrisiken und können für jede Kapitalanlageform mit einer Risikoprämie verwendet werden.[2] Als wesentliche Strategien der Portfolio Insurance sind zu nennen die Stop-Loss-Strategie, die Synthetic-Put-Strategie und die Constant-Proportion-Strategie.

---

[1] Siehe T. Ebertz und C. Schlenger, 5/1995. R. Hohmann, 1996, S. 12-16.
[2] R.Uhlmann, 2008, S. 3 und 17.

## Stop-Loss-Strategie

Bei der Stop-Loss-Strategie (SLs) geben Marktteilnehmer ex ante einen Mindestkurs vor, unter den der Wert des Portfolio oder der Aktien bis zum Ende der Anlageperiode nicht sinken soll.[3] Tangiert der Wert den Stop-Loss-Kurs, dann werden das Portfolio oder die Aktien verkauft und die erhaltenen finanziellen Mittel in risikofreie verzinsliche Titel investiert. Bei einer dynamischen Stop-Loss-Strategie werden das Portfolio oder die Aktien zurückerworben, wenn die entsprechenden Werte wieder über den Stop-Loss-Kurs steigen. Steigt der Stop-Loss-Kurs während des Anlagezeitraums in Höhe des risikofreien Zinssatzes, dann realisieren die Marktteilnehmer am Ende der Anlageperiode eine vergleichbare Rendite. Sie erhalten sich auch die Teilhabe an Wertsteigerungen des Portfolio oder einzelner Aktien. In der Praxis hat sich gezeigt, dass diese Strategie zum angestrebten Ergebnis führt.[4]

## Synthetic-Put-Strategie

Marktteilnehmer verwenden bei der Synthetic-Put-Strategie (SPI) long und short Positionen in Aktien und zinstragenden. Sie können so einen theoretischen Wertverlauf und daraus folgende Zahlungsströme einer Verkaufoption erzeugen. Sie nutzen dafür Geldmarktpapiere oder mittelfristige Anlagen, sowie Aktien oder ganze Portfolios. Die einzunehmenden Positionen ergeben sich aus der Optionsbewertungstheorie nach dem Binomialmodell oder der Formel von Black und Scholes[5]. Formel 1 lautet wie folgt:

Formel 1: Put-Call-Parity zur Optionsbewertung:

$$P_t = C_t + K^*(1+r_f)^{-(T-t)} - S_t$$

mit: $P_t$ = Preis des Put in t
$C_t$ = Preis des Call in t
$K^*(1+r_f)^{-(T-t)}$ = Ausübungspreis der Option, diskontiert mit $r_f$ für die Restlaufzeit (T-t)
$r_f$ = risikofreier Zins(satz)
$S_t$ = (Basis)kurs (des Portfolio) in t

Marktteilnehmer können den Wertverlauf einer Option duplizieren. Dazu gehen sie in t eine long Position in Höhe von $C_t$, eine short Position in Höhe von $-S_t$ und eine diskontierte long Position in $K^*(1+r_f)^{-(T-t)}$ ein, um mit einer long Position in $P_t$ den theoretischen Preis einer Verkaufoption aufgebaut zu haben. Diese Positionen müssen während des Absicherungszeitraumes kontinuierlich an veränderte Marktbedingungen und Zeitabläufe angepasst werden. Am Ende der Anlageperiode halten die Marktteilnehmer eine Position in einem Portfolio, das synthetisch mit einer Verkaufoption gesichert ist. Synthetic-Put-Strategien sind in der Theorie leicht darzustellen. Sie sollten auch in

---

[3] Siehe K. Quandt, 2.-3.8.2002.
[4] Erhöhte Transaktionskosten durch häufigere Anpassungen des Portfolio wirken sich jedoch negativ aus. Probleme ergeben sich auch bei plötzlichen sehr ausgeprägten Kursveränderungen, wie beispielsweise beim „flash-crash". Das gilt auch für andere Formen der Portfolio Insurance. Siehe hierzu R. Benders und M. Maisch, 24.11.2009. R. Benders und M. Eberle, 10.5.2010. U. Rettberg, 10.5.2010. T. Riecke, 1.3.2007. O.V., 22.4.2015. B. Finke, 23.4.2015. K. Slodcyk und A. Dörner, 23.4.2015. C. Siedenbiedel, 24.4.2015.
[5] Zur Optionsbewertung siehe F. Black und M. Scholes, 1973, S. 637-654. J. C. Cox und S. A. Ross, 1976, S. 145-166. L. Jurgeit, 1989.

der Praxis einfach anzuwenden sein, zumal für institutionelle Marktteilnehmer. Dennoch sind sie in den vergangenen Jahren nicht wesentlich zur Anwendung gekommen. Die Gründe hierfür sind nicht ersichtlich, für eine vermehrte Anwendung sind vermutlich etwaige Hindernisse zu beseitigen.

## Constant-Proportion-Portfolio-Insurance

Bei der Constant-Proportion-Portfolio-Insurance (CPPI) für Aktien oder andere Anlageformen geben die Marktteilnehmer einen Mindestwert für das Portfolio vor. Dieser Mindestwert ist der Floor und ist in t = 0 kleiner als der Portfoliowert. Der Floor steigt während des Absicherungszeitraums um einen bestimmten Prozentsatz.[6]

Die Differenz zwischen Portfoliowert und Floor ergibt das Cushion. Dieser Wert ist variabel und ergibt sich bei dynamischer Anpassung des Portfolio aus Formel 2:

Formel 2: Exposure der Constant-Proportion-Portfolio-Insurance

$E_t = m * Q_t$ , und $Q_t = V_t - G_t$ , $0 < G_t$

mit:   $E_t$ = Exposure in t
       m = Multiplikator
       $Q_t$ = Cushion in t
       $V_t$ = Wert des gesicherten Portfolio in t
       $G_t$ = Floor in t

Die Exposure $E_t$ ist der Anteil des Portfolio in risikobehafteten Titeln.[7]

Steigt der Wert des Portfolio und ist $E_t > E_{t-1}$, dann werden die Anteile der risikobehafteten Positionen entsprechend Formel 2 ausgeweitet. Es werden hier Aktien gekauft und verzinsliche Titel, idealerweise Null-Kupon-Anleihen verkauft.

Bei Kursverlusten des Portfolio und/oder Wertsteigerungen des Floor, wenn $E_t < E_{t-1}$, werden die risikobehafteten Positionen entsprechend verringert. Es werden Aktien verkauft und verzinsliche Titel, bestenfalls Null-Kupon-Anleihen gekauft.

Am Ende der Anlageperiode entspricht der Wert des Portfolio annahmegemäß mindestens dem Floor.[8] Die Wahrscheinlichkeit von Verlusten des Portfolio wird so auf null reduziert. Die Wahrscheinlichkeit von Wertsteigerungen des gesicherten Portfolio bleibt erhalten.[9]

---

[6] Beispielsweise um den Zinssatz für risikofreie Anlagen, hier den Zinssatz für risikofreie Null-Kupon-Anleihen mit einer vergleichbaren Laufzeit. Siehe auch R. Uhlmann, 2008, S. 31-32.
[7] Risikobehaftete Titel sind hier entsprechend Aktien oder auch Futures und Optionen. Siehe R. Hohmann, 1996, S. 105-109 und die dort zitierten Quellen.
[8] Sind Leerverkäufe nicht zulässig, lässt sich $E_t$ wie folgt darstellen: $E_t$ = max [$m*Q_t$ ; 0]
Ist die Aufnahme finanzieller Mittel untersagt, lautet Formel 2 zur Ermittlung von $E_t$ entsprechend: $E_t$ = min [$m*(V_t - G_t)$ ; $S_t$]
Ist der Floor ex ante bekannt, lässt sich der Portfoliowert wie folgt darstellen: $V_t$ = max [$G_t$ ; $G_t + Q_t$]
[9] Das ist der Unterschied zu einer umfänglichen Hedge mit Futures, bei denen die Wahrscheinlichkeit der Teilhabe an späteren Kurssteigerungen des Portfolio teilweise oder ganz aufgegeben wird.

Der Multiplikator hat theoretisch eine besondere Bedeutung, wie Formel 2 zeigt. Je größer der Multiplikator ist, desto umfangreicher sind die Käufe und Verkäufe, desto stärker verändert sich die Zusammensetzung des Portfolio.[10]

Ein geeigneter Multiplikator ist wesentlich, wenn der Portfoliowert in T über dem des Floor liegen soll. Es scheint offensichtlich zu sein, dass bei unangebracht großen Multiplikatoren die Verluste der Exposure in Folge von Kurssprüngen so groß sein können, dass sie durch Wertsteigerungen der verzinslichen Titel nicht mehr kompensiert werden können.[11],[12]

## VAR und VaRoP

Das Maß Value at Risk (VAR) zeigt, welchen maximalen Verlust Marktteilnehmer bei einem bestimmten Konfidenzintervall und gegebener Standardabweichung ihrer Risikoposition für einen definierten Zeithorizont theoretisch realisieren können.[13] Risikopositionen können hierbei Aktien, verzinsliche Titel, Derivate oder ganze Portfolios daraus sein.

Marktteilnehmer bestimmen zunächst den Umfang und die Standardabweichung ihrer Risikoposition. Sie legen das Maß der Sicherheit für das Konfidenzintervall fest, z.B. 95% oder 99% Sicherheit.[14] Auch unterstellen sie eine bestimmte Wahrscheinlichkeitsverteilung, i.d.R. die Normalverteilung. Der Zeithorizont ist ebenfalls zu bestimmen, meistens von einem Tag bis zu einem Jahr. Die Marktteilnehmer können dann den VAR berechnen.[15]

Wesentlich zur Berechnung des VAR ist die Schätzung der Volatilität. Sie kann auf unterschiedlichen Wegen bestimmt werden, z.B. aus historischen Daten, über Simulationen oder Berechnungen der impliziten Volatilität von Optionen.[16]

Die Berechnung des VAR erfolgt mit Hilfe der Formel §.

Formel 3: Berechnung VAR

$VAR = V_t * \sigma * Konfid * (T-t) * \sqrt{(T-t)/250}$

---

[10] Eine Möglichkeit den Multiplikator zu bestimmen ist, dass Markteilnehmer ex ante die Höhe des Multiplikators festlegen. Danach bestimmen sie die Höhe der anfänglichen Exposure oder des Floor in Abhängigkeit vom Portfoliowert. Dann ist m = ($E_t$ / $G_t$). Siehe hierzu R. Hohmann, 1996, S. 109. R. Uhlmann, 2008, S. 38-41.
[11] Siehe A. F. Perold, 1986, S. 7. S. Mantel, 2014, S. 42-43.
[12] In der Literatur gibt es daher einen Vorschlag, dass der Multiplikator nicht größer sein sollte als der Kehrwert des Betrages des größten zu erwartenden negativen Kurssprungs. Siehe hierzu R. Uhlmann, 2008, S. 136-139, 143. Interessant ist hier auch die Frage, ob der Multiplikator mit Hilfe des maximal tragbaren value at risk zu ermitteln ist. Diese Frage ist an dieser Stelle nicht zu beantworten. Siehe hierzu die weiteren Abschnitte dieser Arbeit.
[13] Vgl. B Jendruschewitz, 1997, S. 6-7. P. Jorion, 2002, S. 22-25, 117. Zu unterschiedlichen Risikoformen siehe ebda, 2002, S. 15-21. M. Choudhry, 2006, S. 30-32. Zur Definition und Unterscheidung von Risiken siehe ebda S. 3-7. Zu unterschiedlichen quantitativen Messungen von Risiken siehe ebda S. 9-11.
[14] Zur Bestimmung des Konfidenzintervalls siehe B. Jendruschewitz, 1997, S. 19, 32. M. Choudhry, 2006, S. 23, 46-47.
[15] Den zu erwartenden Verlust verbunden mit einem Abschnitt unter der Normalverteilungskurve und des kritischen Konfidenzintervalls, in Bezug auf den definierten Zeithorizont und der berechneten Standardabweichung. Siehe B. Jendruschewitz, 1997, S. 19-20, 26-29. M. Choudhry, 2006, S. 24-26, 35-36, 51-52.
[16] Siehe hierzu B. Jendruschewitz, 1997, S. 31-32, 35-37, 39-40, 50-61, 64-73.

Die Vorgehensweise zur Berechnung des täglichen VAR für ein theoretisches Aktienportfolio wird mit einem Beispiel dargestellt.[17] Die einzelnen benötigten Werte sind:

Portfolio Wert $V_t$ = 1 Mio
Konfidenzgrad 95% = 1,6448
Portfolio Varianz $\sigma^2$ = 0,0165
Portfolio Standardabweichung $\sigma$ 12,848%
95%ige Standardabweichung 1,6448
VAR = 1 Mio * 12,848 * 1,6448 * $\sqrt{1/250}$

=> VAR = 0,2113 Mio

Soll der VAR für mehrere kombinierte Positionen berechnet werden, dann bietet sich die Matrix-Rechnung[18] an.

Volatilitäten und Standardabweichungen ändern sich kontinuierlich. Zur Einschätzung des Risikos sollten die Marktteilnehmer den jeweiligen VAR des Portfolio ebenso kontinuierlich berechnen.[19]

VAR allein ist kein aktives Management. Es muss in eine erweiterte Management-Strategie eingebettet werden[20], hier in die Strategie des Value at Risk optimierten Portfolio (VaRoP).

Bei den Strategien des VaRoP definieren die Marktteilnehmer zuerst ihre Risikopositionen über alle Anlageformen. Hierzu berechnen sie den VAR der Gesamtposition mit Hilfe Formel 3.

Sie ermitteln dann ihr optimales Portfolio, abgeleitet aus der Portfoliotheorie[21] und über die Efficient Market Theory (EMT) und der Kapitalmarktlinie.[22] Bei gegebenem risikofreien Zinssatz können die Marktteilnehmer dann die effiziente Kapitalmarktkurve berechnen. Diese zeigt für eine Portfoliozusammenstellung den maximal zu erwartenden Ertrag bei einem bestimmten Risiko. Vereinfacht lässt sich das Vorgehen über VaRoP formal wie folgt darstellen:

Wenn VAR < $V_0$; $VAR_t = S_t$, $V_t - S_t = Br_f$
Wenn VAR > $V_0$; $VAR_t = V_0$, $Br_f = 0$.

mit B = Bond / Anleihe zu $r_f$

---

[17] Siehe T.M. Guldiman, 1995. B Jandruschewitz, 1997, S. 20, 30, 33, 36-39, 96-100. P. Jorion, 2002, S. 108-113.
[18] Zur Matrix-Rechnung siehe L. Kruschwitz, 1995, S. 314. Siehe auch B. Jendruschewitz, 1997, S. 31, 34, 45-47, 78-80. M.Choudhry, 2006, S. 39-44.
[19] Zu einer Zusammenfassung und Kritik am VAR siehe B. Jendruschewitz, 1997, S. 110-112.
[20] Zu abweichenden Risikosteuerung über Limite siehe B. Jendruschewitz, 1997, S. 20-22. Zu VAR für aktives Risikomanagement siehe P. Jorion, 2002, S. 383-387.
Zu VAR für verzisliche Titel siehe M. Choudhry, 2006, S. 62-86, für Optionen siehe ebda, S. 88-99, für Monte Carlo Simulationen siehe ebda, S. 102-107.
[21] Siehe H.M. Markowitz, 1952, S. 77-91, Ders, 1970. L. Perridon, M. Steiner und A. Rathgeber, 2009, S. 252-258. J. Berk und P. DeMarzo, 2017, S. 401-409.
[22] L. Perridon, M. Steiner und A. Rathgeber, 2009, S. 263-267. J. Berk und P. DeMarzo, 2017, S. 417-422.

In t + 1 sind diese Schritte zu wiederholen.

In $t_0$ ermitteln die Marktteilnehmer ihr optimales Portfolio entsprechend der EMT. Gleichzeitig berechnen sie den VAR dieser Position. Befindet sich das effiziente Portfolio auf oder innerhalb eines zulässigen Risikobereiches, werden keine Transaktionen ausgeführt. Befindet sich das Portfolio jedoch außerhalb der zulässigen Portfoliobereiches, dann passen die Marktteilnehmer es durch entsprechende Transaktionen an. Da sich die Determinanten im Zeitablauf regelmäßig ändern, ist mit kontinuierlichen Kauf- und Verkauftransaktionen zu rechnen.

## Gegenüberstellung

### Stop-Loss und VAR / VaRoP

Bei der Stop-Loss-Strategie (SLS) wird der Floor vom Vermögen $V_t$ subtrahiert. Daraus ergibt sich die in risikobehaftete Titel zu investierende Position $S_t$. $S_t$ ist größer null, oder $S_t$ ist gleich null. Formal dargestellt wie folgt: $V_t - \text{Floor} = S_t$, mit $S_t > 0$; $S_t$; 0

Das risikobehaftete Vermögen $S_t$ nimmt diese Rolle im Vergleich mit dem VAR ein, ohne Prognosen der Volatilität und ohne aktives Management der Position $S_t$. Es erfolgt nur eine stetige Anpassung des Umfangs von $S_t$, entsprechend der Veränderungen von $V_t - \text{Floor} = S_t$.

$S_t$ ähnelt nur VaRoP bei einem aktiven Management des Portfolio $V_t$. Hier erfolgt eine Prognose der Volatilität und eine vorgreifende Anpassung des Portfolio, entsprechend der Vorgehensweisen von Strategien mit VaRoP. Formal kann es wie folgt dargestellt werden:

$S_t$ = VAR ohne Management
  = VaRoP mit Management (Kombination aus passiven
    Strategien mit Volatilitätsprognose)

=> $V_t \approx \text{VaRoP}$, $S_t \approx \text{VAR}$
=> $V_t - \text{VAR} \approx \text{VaRoP}$
=> $\text{VaRoP} - \text{VAR} \approx r_f \approx \text{Bond} \approx \text{Floor} * r_f$

Synthetischer Put und VAR / VaRoP

Maßgebend für Strategien mit einem synthetischen Put (SPS) ist die Put-Call-Strategie. Sie lautet formal:

$P - C = K * (1-r_f)^{(T-t)} - S_t$

Hier ist $S_t$ zu vergleichen mit VaRoP. P dürfte VAR entsprechen, und $S_t$ minus dem diskontierten Basispreis der Option kann auch dem VAR entsprechen. Auch sollte der Basispreis der Option Werte des Floor annehmen. Formal dargestellt ist es wie folgt:

=> $S_t \approx \text{VaRoP}$
=> $P \approx \text{VAR}$

$\Rightarrow S_t - K * (1-r_f)^{(T-t)} \approx VAR$
$\Rightarrow C \approx r_f$ ($C \approx$ Floor)


## CPPI und VAR / VaRoP

Für die Strategien der Constant-Proportion-Portfolio-Insurance (CPPI) ist Formel 2 entscheidend. Sie lautet:

$E_t = m * Q_t$, und $Q_t = V_t - G_t$, $0 < G_t$

Hier ergibt sich im Vergleich, dass E dem aktiv adjustierten Teil VaRoP nahe kommt.[23]

$\Rightarrow E \approx VaRoP$
$\Rightarrow VaRoP - VAR \approx Floor$
$\Rightarrow 1/VAR = min. Floor$

Auch kann der Multiplikator zur Auswahl des Konfidenzintervalls verwendet werden.

$\Rightarrow m \approx Konfid.$

Gemeinsamkeiten, Unterschiede und Kombination aus SLS, SPS, CPPI und VaRoP erscheinen offensichtlich. Diese vereinfacht zusammengefasst läßt sich ausdrücken wie folgt:

$V_t \approx VaRoP$, $S_t \approx VaRoP$, $E \approx VaRoP$

Gemeinsam ist allen Strategien, dass Risiken beherrscht werden und vorher Risikopositionen und -umfang zu ermitteln sind. Portfolios bestehen i.d.R. aus risikobehafteten und risikofreien Komponenten. Der Auslöser der Anpassung ist unterschiedlich, ebenso das Management des Portfolio bei Risikoänderungen. Basispreise und Stop-Loss-Grenzen sind vergleichbar.

In einem Vergleich zeigt sich, dass die Ähnlichkeiten der Stratgien überwiegen. Es zeigen sich gleiche Sachverhalte trotz unterschiedlicher Begriffsbestimmungen. Marktteilnehmer entscheiden jedoch selbst, welche Aspekte für sie wichtig sind.

Die Gemeinsamkeiten und Unterschiede lassen sich in einer Tabelle darstellen.

---

[23] Siehe hierzu auch P. Jorion, 2002, S. 384-387.

Tabelle 1. Unterschiede und Gemeinsamkeiten der Strategien

| | SLS | SPS | CPPI | VaRoP |
|---|---|---|---|---|
| Risikodefinition | | √ | (√) | √ |
| Risikoumfang | √ | √ | √ | √ |
| Risikoposition | √ | √ | √ | √ |
| Risikobehaftete Anteile | √ | √ | √ | √ |
| Risikofreie Anteile/ Floor/ Basis | √ | √ | √ | √ |
| Prognose? Verteilungsannahme | | √ | | √ |
| Auslöser Anpassung | √ | √ | √ | √ |
| Management Risikobehaftete Anteile | | √ | √ | √ |
| Portfolio-Theorie, EMT relevant | | √ | | √ |
| VAR oder VaRoP zur Bestimmung Floor | | | | √ |
| Basispreis, SL Grenzen | √ | √ | √ | √ |

## Zusammenfassung und Ausblick

Die unterschiedlichen Ausprägungen der Portfolio Insurance sind geeignet, Portfolios vor Wertverlusten zu schützen. Value At Risk beschreibt den maximal zu erwartenden Verlust aus einer Position. VaRoP zeigt, wie Positionen unter Beachtung eines zulässigen VAR zu optimieren sind. Portfolio Insurance und VaRoP zeigen Ähnlichkeiten auf und behandeln darüber hinaus unterschiedliche Aspekte.

Es ist zu erwarten, dass alle Strategien auch in Zukunft für das Management von Portfolios wesentlich sein werden. Interessant ist hierbei, wie die noch wenig bekannten Strategien von VaRoP Einzug in das tägliche Geschäft finden. Ungerechtfertigt wäre diese Entwicklung nicht. Es ist spannend dies weiter zu verfolgen.

## Anhang: Annahmen und -Diskussion

Für die Strategien der Portfolio Insurance und VaRoP werden einige idealtypischen Annahmen auf deutschen Geld- und Kapitalmärkten unterstellt.[24] Diese sind dann auf ihre Realitätsnähe zu untersuchen.

1. Es existieren arbitragefreie Märkte. Aktien, Aktien-indexfutures und unkündbare bonitätsrisikofreie zinstragende Finanztitel werden begeben und gleichzeitig gehandelt. Am Markt sind Geschäfte sofort zu erfüllen.
2. Marktzutrittsbeschränkungen, Transaktionskosten, Steuern, Vorschriften oder Bestimmungen existieren nicht. Leerverkäufe sind gestattet, Leerverkäufer und Stillhalter in Optionen erfüllen ihre Verpflichtungen.
3. Die Marktteilnehmer handeln rational und wollen ihren Nutzen maximieren. Sie investieren in Aktien und –indexfutures sowie bonitätsrisikofreie Finanztitel.
4. Finanztitel sind beliebig teilbar.
5. Dividendenzahlungen und Kapitalerhöhungen oder-herabsetzungen erfolgen nicht.
6. Es existiert nur eine Währung. Die Aufnahme und Anlage finanzieller Mittel für jeden Zeitraum ist stets möglich zum Zinssatz auf bonitätsrisikofreie Analgen. Dieser risikofreie Zinssatz ist positiv, bekannt und während des Absicherungszeitraums konstant. Die Zinsstrukturkurve ist horizontal.
7. a) Aktienkurse folgen einem multiplikativen Binomialprozess über äquidistante Perioden mit bekannter und konstanter Wahrscheinlichkeit der möglichen Renditen über jede Periode.
b) Aktienkurse haben einen stetigen Verlauf und der Handel auf den Märkten findet kontinuierlich statt. Die Verteilung der erwarteten Renditen für ein diversifiziertes Aktienportfolio ist am Ende eines zeitlichen Intervalls logarithmisch-normalverteilt. Die Volatilität der Aktienkurse ist während des gesamten Zeithorizonts konstant und bekannt.

### Annahmendiskussion

Die Beispiele für die Portfolio-Insurance-Strategien im vorstehenden Teil haben die oben getroffenen Annahmen als Voraussetzung. Für die praktische Anwendung ist zu prüfen, ob die Annahmen mit den Gegebenheiten in der Realität übereinstimmen. Auftretende Abweichungen sind zu untersuchen und deren Auswirkungen auf die Strategien zu bestimmen sowie alternative Lösungsansätze zu nennen.[25]

Entsprechend Annahme 1 kann ein simultaner Handel kann immer stattfinden, wenn am Kassamarkt Kurse festgestellt werden. In der Regel ist gegen zwölf Uhr am Mittag die Liquidität im Markt am größten. Märkte geben in der Realität immer wieder die Gelegenheit zur Arbitrage[26] und einige Geschäfte an Kassa- und Terminmarkt müssen nicht sofort erfüllt werden.[27] Dieser Umstand ist jedoch planbar. Abweichung von den theoretisch korrekten Preisen können Marktteilnehmer selbst ermitteln, Lieferfristen

---

[24] Vgl. R. Hohmann, 1996, S. 20-21. Zur Annahmendiskussion vgl. ebda, S. 128-250. Siehe auch ders. 2015, S. 15.
[25] Zu einer vergleichbaren Annahmendiskussion siehe R. Uhlmann, 2008, S. 103-4, 120-132.
[26] Siehe R. Hohmann, 1991. Ders. 1996, S. 220-226. Ders. 2015, S. 59.
[27] Zu den Handels- und Lieferbestimmungen in Deutschland siehe www.Xetra und Deutsche Börse/Handelszeiten.com

sind in den Strategien zu integrieren. Jedoch können die Strategien unter Umständen Einflüsse auf die Kursverläufe an Kassa- und Terminmärkten haben.[28]

Entgegen Annahme 2 gibt es in der Realität Marktzutrittsbeschränkungen für einzelne Investoren auf ausgewählten Märkten und es gibt bestimmte Vorschriften und Bestimmungen, die hier nicht abschließend zu erörtern sind. Für die Mehrzahl der Marktteilnehmer ist das jedoch nicht relevant. Auch existieren Transaktionskosten und Steuern. Transaktionskosten sind in den Strategien ex ante zu integrieren,[29] sie haben dann einen negativen Einfluss auf das Ergebnis der Strategie. Steuern fallen ex post an, sie beeinflussen die Durchführbarkeit der Strategien unmittelbar nicht. Gestattete Leerverkäufe und Optionsgeschäfte sollen im amtlichen Handel an den Terminmärkten immer erfüllt werden,[30] Sicherheiten sind im Rahmen der Strategie nicht notwendig.[31]

Annahme 3 sollte zutreffend sein, auch wenn bei Kursrutschen und sich danach sofort anschließenden Kurserholungen[32], oder bei Investitionen in zinstragende Titel mit einer negativen Rendite statt z.B. der Bargeldhortung, Zweifel an der Rationalität der Marktteilnehmer aufkommen können.

Alle Finanztitel sind beliebig teilbar. Annahme 4 gilt dann, wenn die Marktteilnehmer den Umfang ihres Portfolio so weit erhöhen, dass sie eine ganze Einheit eines Finanztitels als kleinste Einheit im Rahmen ihrer Strategie nutzen können.

Im Widerspruch zu Annahme 5 erfolgen erfreulicherweise in der Realität Dividendenzahlungen und Kapitalerhöhungen oder-herabsetzungen. Sie sind daher im Rahmen der Strategien entweder zu vernachlässigen und haben dann einen gewissen Einfluss auf das Ergebnis der Strategie. Oder sie werden, da in der Regel ex ante bekannt, in den Strategien integriert.

Annahme 6 ist zutreffend, wenn der Marktteilnehmer nur in einer einzigen Währung investiert. Bei Investitionen in mehrere Währungen muss der Marktteilnehmer dann die entsprechenden Abhängigkeiten berücksichtigen.

Die Aufnahme und Anlage finanzieller Mittel ist stets für jeden Zeitraum möglich zum Zinssatz auf bonitätsrisikofreie Anlagen. Für Marktteilnehmer mit erster Bonität trifft dieser Umstand zu. Andere müssen in der Regel einen Bonitätsabschlag oder –Zuschlag erdulden. Dieser Zinssatz ist annahmegemäß positiv, bekannt und während des Absicherungszeitraums konstant.[33] Die Zinsstrukturkurve ist horizontal.

Der Zinssatz ist ab 2015 fast nicht mehr positiv für Titel erster Bonität, sowohl in Deutschland als auch in einigen weiteren europäischen Ländern. Auch ist er nicht immer allen Marktteilnehmern bekannt und er ist nie konstant. Die Zinsstrukturkurve ist

---

[28] R. Hohmann, 1996, S. 225-6 und die dort zitierten Quellen. R. Uhlmann, 2008, S. 62.
[29] Zu Transaktionskosten siehe R. Hohmann, 1996, S. 198-217 und die dort zitierten Quellen. Beim Handel mit Aktien am Kassamarkt entstehen die höchsten Transaktionskosten, beim Handel mit Futures am Terminmarkt die geringsten. Zu Trading Filter Handelsregeln siehe R. Uhlmann, 2008, S. 36-7. S. Mantel, 2014, S. 33-35.
[30] Ohne die Möglichkeit von Leerverkäufen wäre die Constant-Proportion-Portfolio-Insurence pfadabhängig. R. Uhlmann, 2008, S. 51.
[31] Sicherheiten sind hier nicht notwendig, da $V_{t=0}$ = 100% des Vermögens des Marktteilnehmers beträgt. Durch Bar-Sicherheiten können Zinsverluste entstehen. Auch wegen dieser Opportunitätsverluste ist im Folgenden auf Sicherheiten zu verzichten.
[32] Zu Gerüchten und zu Fat Finger siehe o.V., 22.4.2015..
[33] Zur Geldwertstabilität und Inflation siehe R. Hohmann, 1996, S. 130, Fn. 3 und 4.

in den wenigsten Fällen horizontal.[34] Mit Sicht auf die Erfahrungen, die Marktteilnehmer in den letzten Jahrzehnten oder Jahrhunderten gesammelt haben, ist nicht unbedingt davon auszugehen, dass negative Zinssätze der Normalität entsprechen oder sie lange existieren werden. Unbekannte Zinssätze können durch bekannte, an amtlichen Märkten ermittelte Größen ersetzt werden, konstante Zinssätze können über Forward Rates oder sehr kleine Absicherungsperioden geschaffen werden.[35] Gleiches gilt für die Zinsstrukturkurve. Diese Umstände sollten über Formel 2 zu berücksichtigen sein.[36]

Gemäß Annahme 7a folgen die Aktienkurse einem multiplikativen Binomialprozess über äquidistante Perioden mit bekannter und konstanter Wahrscheinlichkeit der möglichen Renditen über jede Periode. Diese Annahme ist getroffen worden, um den Verlauf der Aktienkurse im Rahmen des Binomialmodells darstellen zu können. Verringert man die Beobachtungszeiträume auf kleinste Größen, dann folgen Aktienkurse einem Binomialmodell mit Wahrscheinlichkeiten, die vorab bekannt und auch konstant sein sollten.[37]

Laut Annahme 7b haben die Aktienkurse einen stetigen Verlauf und der Handel auf den Märkten findet kontinuierlich statt. Die Verteilung der erwarteten Renditen für ein diversifiziertes Aktienportfolio ist am Ende eines zeitlichen Intervalls logarithmisch-normalverteilt. Die Volatilität der Aktienkurse ist während des gesamten Zeithorizonts konstant und bekannt. Aktienkurse für Titel erster Bonität und geeigneter Markttiefe sollten einen stetigen Verlauf haben. Auch sollte der Handel während der Börsenzeiten und auch Vor- und Nachbörslich kontinuierlich stattfinden. In der Praxis sollte die Verteilung der Renditen für ein diversifiziertes Aktienportfolio am Ende eines zeitlichen Intervalls logarithmisch-normalverteilt sein. Von Abweichungen während kleiner Intervalle wie beispielsweise der Krise nach den Anschlägen in 2001, der Banken-Krise 2008 und der Brexit-Krise 2016 ist dabei abzusehen. Die Volatilität der Aktienkurse ist nicht immer bekannt und nicht konstant.[38] Diesem Umstand ist entgegenzutreten, wenn der Marktteilnehmer den Absicherungszeitraum ausreichend klein definiert und danach unmittelbar eine Kette neuer kleiner Zeiträume folgen lässt. Auch hat die Volatilität dann keinen unmittelbaren Einfluss auf die Strategie.[39]

Die Annahmen 1 bis 7 beschreiben die Realität idealtypisch. Sie dienen der Darstellung der Strategien und vereinfachen deren Verständnis. Abweichungen von der Realität existieren. Diese sind jedoch entweder zu vernachlässigen oder mit wenigen Hilfsmitteln zu umgehen. Im Folgenden werden die Annahmen als weitgehend valide angenommen, weitere kritische Analysen erfolgen nicht.

---

[34] Zur Zinsstrukturkurve siehe beispielsweise die statistischen Beihefte zu den Monatsberichten der Deutschen Bundesbank.
[35] Zu berücksichtigen ist auch, daß der Floor sich stark bei unvorhergesehenen Zinssprüngen verändern kann. Hier ist dann mit kürzeren Intervallen oder mit Szenarien zur Wahrscheinlichkeit der Veränderung zu arbeiten.
[36] Anzumerken ist, dass in der Regel sinkende Zinssätze Aktienkurse positiv beeinflussen. R. Hohmann, 1996, S. 137, Fn. 2. Zinssatzänderungen haben Einflüsse auf die Kurse von Futures. Das ist zu verringern, wenn nur kurzlaufende Futures oder einperiodige Strategien verwendet werden. Siehe zu veränderlichen Zinssätzen und Lösungsansätzen R. Hohmann, 1996, S. 160-168. Zu Zinsrisiken in Finanztiteln siehe H. Schmidt, 1979, S. 711. Ders., 1981 b, S. 74.
[37] Siehe hierzu R. Hohmann, 1996, S. 115, Fn. 1.
[38] Zu einer Übersicht über die Literatur siehe R. Hohmann, 1996, S. 182-189.
[39] Außer vielleicht geringere oder häufigere Handelstransaktionen mit entsprechenden Transaktionskosten. Um den Multiplikator auf die Volatilität einzustellen mit volatility caps siehe R. Uhlmann, 2008, S. 40. Zum Vorteil der geringeren historischen oder tatsächlichen Volatilität im Vergleich zur impliziten Volatilität siehe ebda, S. 50. Zur Kritik an der Annahme der Normalverteilung siehe B. Jendruschewitz, 1997, S. 39-40.

# Literaturverzeichnis

Benders, Rolf und Matthias Eberle, Aktiencrash verstört Anleger in den USA, in Handelsblatt, Nr. 89, 10.5.2010, S. 40.

Benders, Rolf und Michael Maisch, Temposünder unter Verdacht, in Handelsblatt, Nr. 227, 24.11.2009, S. 42.

Berk, Jonathan und Peter DeMarzo, Corporate Finance, Harlow, England, 2017.

Black, Fischer. und Myron. Scholes, The pricing of options and corporate liabilities, in Journal of Political Economy, Vol. 81, Nr. 3, 1973, S. 637-654.

Choudhry, Mourad, An introduction to value-at-risk, 4. Auflage, Chichester, West Sussex,
2006.

Cox, John C. und Stephen. A. Ross, The valuation of options for alternative stochastic processes, in Journal of Financial Economics, Vol. 3, 1976, S. 145-166.

Ebertz, Thomas und Christian Schlenger, Absicherungsstrategie für institutionelle Portfolios, in Die Bank, 5/1995, S. 302-307.

Finke, Björn, Zocker aus der Doppelhaushälfte, in Süddeutsche Zeitung, Nr. 93, 23.4.2015, S. 17.

Till M. Guldiman, RiskMetrics – Tecknical Dokumant, Third Edition, 26.5.1995, S. 26-27.

Hohmann, Ralf, Der Einfluß der Wertpapierleihe auf die Bewertung des DAX-Future, in KaRS Kapitalanlagen, Recht und Steuern, Heft 8/9, 1991, S. 574-582.

Hohmann, Ralf, Portfolio Insurance in Deutschland, Wiesbaden 1996.

Hohmann, Ralf, Portfolio Insurance in der Praxis, in Die Bank, Nr. 5/2015, S. 13-15.

Jendruschewitz, Boris, Value at Risk, Ein Asatz zum Management von Marktrisiken in Banken, Frankfurt am Main, 1997.

Jorion, Philippe, Value at Risk, The new benchmark for managing risk, 2. Auflage, Singapur, 2002.

Jurgeit, Ludwig , Bewertung von Optionen und bonitätsrisikobehafteten Finanztiteln, Wiesbaden 1989.

Kruschwitz, Lutz, Investitionsrechnung, Berlin-New York, 1995.

Mantel, Stefan, Constant Proportion Portfolio Insurance, Duale Hochschule Villingen-Schwenningen, 2014.

Markowitz, Harry Max, Portfolio Selection, Journal of Finance, 1952, Vol. 7, S. 349-360.

Markowitz, Harry Max, Portfolio Selection. Efficient Diversification of Investments, New Haven - London,1970.

O.V., Brite wegen „Flash Crash" an Wall Street festgenommen, in Die Welt, www. Welt.de, 22.4.2015, S. 1-3.

Perold, André. F., Constant proportion portfolio insurance, Harvard Business School working paper, 1986, S. 7.

Perold, André. F. und William F. Sharpe, Dynamic strategies for asset allocation, in Financial Analyst Journal, Vol. 44, Nr. 1, 1988, S. 22.

Perridon, Louis, Manfred Steiner und Andreas Rathgeber, Finanzwirtschaft der Unternehmung, München, 2009.

Quandt, Kathrin, Mit Stop-Loss-Marken das Aktiendepot absichern, in Handelsblatt, Nr. 147, 2.-3.8.2002, S. 34.

Rettberg, Udo, An der Börse geht es um Nanosekunden, in Handelsblatt, N. 89, 10.5.2010, S. 40.

Riecke, Thorsten, Die Wall Street atmet auf, in Handelsblatt, N. 43, 1.3.2007, S. 22.

Schmidt, Hartmut, Liquidität von Finanztiteln als integrierendes Konzept der Bankbetriebslehre, in: Zeitschrift für Betriebswirtschaft, $9. Jg., Heft 8, 1979, S. 711.

Schmidt, Hartmut, 1981, Wertpapierbörsen, in Bank- und Börsenwesen, Bd. 1, Struktur und Leistungsangebot, Hrsg. Michael Bitz, München 1981.

Siedenbiedel, Christian, Der Mann, der Wall Street in die Knie zwang, in Frankfurter Allgemeine Sonntagszeitung, Nr. 17, 24.4.2015, S. 33.

Slodcyk, Katharina und A. Dörner, Der Crash aus der Vorstadt, in Handelsblatt, Nr. 78, 23.4.2015, S. 30.

Uhlmann, Roger, Portfolio Insurance – CPPI im Vergleich zu anderen Strategien, Bern Stuttgart Wien, 2008.

## Abkürzungsverzeichnis

| | |
|---|---|
| CPPI | Constant-Proportion-Portfolio-Insurance |
| d | down, Abschwung, Kursverluste |
| Ders. | Derselbe |
| EMT | Efficient Market Theory |
| ebda | ebenda |
| ex ante | im Vornherein |
| Fn. | Fußnote |
| Hrsg. | Herausgeber |
| i.d.R. | in der Regel |
| Konfid | Konfidenzinterval |
| Long | gekauft |
| Nr. | Numer |
| max | Maximum von |
| min. | mindest/mindestens |
| PI | Portfolio Insurance |
| S. | Seite |
| Short | (leer)verkauft |
| SLS | Stop-Loss-Strategie |
| SPS | Synthetic-Put-Strategie |
| u | up, Aufschwung, Kursgewinne |
| VAR | Value At Risk |
| VaRoP | Value at Risk optimiertes Portfolio |
| o.V. | ohne Verfasser |
| Vol. | Volume |
| z.B. | zum Beispiel |

## Symbolverzeichnis

| | |
|---|---|
| $Br_f$ | Bond / Anleihe zu $r_f$ |
| $C_t$ | Preis eines europäischen Call in t |
| $E_t$ | Wert einer Exposure in t |
| $F_t$ | Wert eines Future in t |
| $G_t$ | Wert eines Floor in t |
| GE | Geld Einheit |
| K | Ausübungspreis einer Option |
| m | Multiplikator |
| $P_t$ | Preis eines europäischen Put in t |
| r | Zinssatz |
| $r_f$ | risikofreier Zinssatz |
| $Q_t$ | Wert eines Cushion in t |
| $S_t$ | (Basis)preis (eines Portfolio, Aktie, Anleihe, Währung) in t |
| T | Endpunkt einer zeitlichen Reihe, Dauer, Distanz. Zeitpunkt |
| t | Anfangspunkt einer zeitlichen Reihe, Dauer, Distanz. Zeitpunkt |
| $V_t$ | Wert eines gesicherten Portfolio, Aktie, Anleihe, Währung in t |
| < | keiner |
| > | größer |
| $\sigma^2$ | Volatilität |
| $\sigma$ | Standardabweichung |
| % | Prozent |